Ferdinand-Marie-Victor-Louis

GUYOT DE SALINS

Inspecteur adjoint des Forêts
Lieutenant aux Chasseurs forestiers

6 Juin 1859 — 16 Octobre 1883

« Dans les dangers, sou-
venez-vous de de Salins et
vous serez des héros. »

Paroles prononcées par le Commandant Montignault devant l'école forestière de Nancy réunie en armes.

PARIS

LIBRAIRIE ACADÉMIQUE DIDIER

PERRIN ET Cie, LIBRAIRES-ÉDITEURS

35, QUAI DES GRANDS-AUGUSTINS, 35

1891

Ferdinand-Marie-Victor-Louis

GUYOT DE SALINS

Ferdinand-Marie-Victor-Louis

GUYOT DE SALINS

Inspecteur adjoint des Forêts
Lieutenant aux Chasseurs forestiers

---

6 Juin 1859 — 10 Octobre 1883

« Dans les dangers, sou-
venez-vous de de Salins et
vous serez des héros. »

Paroles prononcées par le Commandant Montignault devant l'école forestière de Nancy réunie en armes.

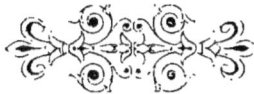

PARIS
LIBRAIRIE ACADÉMIQUE DIDIER
PERRIN ET Cie, LIBRAIRES-ÉDITEURS
35, QUAI DES GRANDS-AUGUSTINS, 35

1891

FERDINAND-MARIE-VICTOR-LOUIS

GUYOT DE SALINS

6 Juin 1859 — 16 Octobre 1883

La France est la terre du courage, et les annales
de l'héroïsme seraient volumineuses si l'on prenait
soin d'enregistrer tous les actes de valeur indivi-
duelle par lesquels tant de Français se sont si souvent signalés. Cependant, le 16 octobre 1883, tous
les journaux français racontèrent avec une émotion
sincère et communicative la mort vraiment héroïque
d'un jeune officier de l'Administration des forêts,
M. Ferdinand Guyot de Salins.

On trouvera plus loin le récit d'un événement qui
produisit partout une sensation profonde et durable.
L'opinion publique fut unanime ; le jeune inspecteur-
adjoint des forêts avait succombé en héros, donnant
sa vie, qui promettait tant d'espérances, pour sauver
celle d'un de ses subordonnés.

Certes, on ne saurait nier que l'héroïsme, ou
même le simple courage, s'inspire le plus souvent

tout spontanément des circonstances et de l'heure
présente ; souvent, ces actions, qui trouvent une place
dans l'histoire d'un peuple ou d'une province, sont
issues d'un entraînement momentané, d'une excita-
tion passagère ; tels, par exemple, les faits de guerre ;
car c'est dans la fumée des batailles que se révèlent
tout à coup les héros.

Avec celui au souvenir duquel sont consacrées ces
quelques pages, il n'en est pas de même et l'on peut
dire que la mort admirable de M. Ferdinand Guyot
de Salins a été le résultat d'une éducation solide et
chrétienne. Le christianisme seul, en effet, inculque
à une âme généreuse le sentiment du devoir, la force
du sacrifice et l'abnégation de soi-même. À cela il
convient d'ajouter les traditions de la famille et l'héritage des vertus qui se transmettent dans les races
privilégiées.

Ferdinand-Marie-Victor-Louis Guyot de Salins
était né à Lorient, le 6 Juin 1859. Les exemples de
foi chrétienne, du dévoûment au devoir, il avait pu
les puiser à bonne source, c'est-à-dire au foyer pa-
triarcal d'une noble et ancienne famille originaire de la
Basse-Marche et récemment établie en Bretagne, chez
laquelle, comme chez toute la noblesse de cette province, il était de tradition qu'il fallait tout sacrifier à
Dieu, au Roi et à l'Honneur.

Nous ne nous étendrons pas, on comprendra que ce

ne soit pas ici la place, sur l'origine très reculée de la famille Guyot de Salins, dont la filiation suivie est établie depuis la fin du xiii° siècle, ni sur les services que nombre de ses membres rendirent à la Monarchie. Dans un tableau, pour que le personnage principal jaillisse en pleine lumière, il est de règle de se montrer très sobre en fait d'accessoires. Une tête puissante et caractéristique ne s'enlève jamais mieux que sur un fond sombre ou vaporeux.

Disons seulement qu'a l'époque où la Révolution, en renversant le trône de Louis XVI, mettait en péril toutes les monarchies de l'Europe, la famille Guyot de Salins était représentée par trois frères qui se firent remarquer pendant toute la période révolutionnaire par une fidélité et un dévoûment à l'Eglise et à la Royauté qui n'eurent d'égales que leur désintéressement et leur extrême simplicité.

Celui qui devait continuer la lignée, Pierre-Antoine-René (fils de Charles Guyot d'Asnières, écuyer, seigneur de Salins et de Salles, et de Cécile-Françoise le Maistre de Kergourio), avait épousé Mademoiselle Le Verger du Cosquer. Il fut de ceux qui, le jour de l'affaire de Quiberon, sous les ordres de l'intrépide colonel Glain de Saint-Avoye (1), s'illustrèrent à la chaussée du Bégo, le 7 juillet 1795, en couvrant la

(1) Christophe, né à Auray en 1751, fils de Jean-Vincent Glain, seigneur de Saint-Avoye, et de Marie-Rose-Thérèse Le Gall de Kerlinou.

retraite de la population refoulée par l'armée républicaine. Pour ce fait d'armes, M. de Salins, à l'époque de la Restauration fut créé chevalier de l'ordre royal de la Légion d'honneur ; il s'étonnait de cette distinction avec une modestie touchante, en disant : qu'en vérité il n'avait fait que son devoir.

Les femmes et les sœurs de ces vaillants défenseurs de la cause royale ne s'étaient pas montrées moins intrépides que leurs maris et leurs frères, et l'on trouve sans surprise leurs noms parmi ces Alréennes qui, au péril de leur liberté et de leur vie, se dévouèrent pour assurer le salut des prisonniers du désastre de Quiberon. Toutes leur apportèrent les services dont elles pouvaient disposer et les consolations qu'elles puisaient dans leurs âmes généreuses. Madame Glain de Saint-Avoye, en particulier, et sa sœur, Mademoiselle Le Normand de Saint-Léon, favorisèrent l'évasion de plusieurs captifs, notamment de M. Isidore de Lantivy-Kervéno qui, peu de temps après, devait mourir les armes à la main dans un des combats de la chouannerie.

La fille de cette noble femme, mademoiselle Louise-Marie-Joseph Glain de Saint-Avoye, épousait, le 18 janvier 1815, François-Louis-Auguste Guyot de Salins, fils aîné de celui dont nous venons de parler. Digne héritier des vertus de son père, après s'être consacré tout entier à l'éducation de ses fils et en avoir fait des hommes et des chrétiens à son image, il

se signala dans les comités politiques et dans les
assemblées départementales du Morbihan, parmi les
chefs du parti royaliste qui nourrissaient l'espérance
de ramener M. le Comte de Chambord sur le trône de
ses ancêtres. Le cinquième de ses fils, Victor-Marie-
Joseph, comte Guyot de Salins, (1) fut le père de
celui dont nous avons entrepris de raconter l'existence
bien courte, il est vrai, mais couronnée par une mort
que les plus braves lui eussent enviée.

Les œuvres remplissent son existence tout entière :
le denier de Saint-Pierre, les Canons Pontificaux,
les comités Carlistes, les grands Pèlerinages, les Con-
grès et surtout la grande œuvre de l'Union Catholique
dont il fut le fondateur, disent bien haut quel zèle et
quelle activité il sut mettre au service de toutes les
grandes et saintes causes.

Monsieur Victor de Salins eut le bonheur de trouver dans une famille digne de la sienne la compagne
qui fut l'honneur et la joie de son foyer, et qui sut
si bien le seconder dans l'éducation de ses enfants.

Elevée à l'école des traditions d'autrefois, entre
un père qui avait brisé son épée en 1830 pour rester

---

(1) Victor-Marié-Joseph Guyot de Salins, né à Auray, le 2
avril 1824, était fils de François-Louis-Auguste et de Louise-
Marie-Joseph Glain de Saint-Avoye. Il épousa à Nantes, le
19 janvier 1854, Marie-Antoinette-Caroline-Henriette Lavallée de la Gilardrie, fille d'Henry, officier démissionnaire en
1830, et de Mademoiselle de Giléde de Lestang. Cette dernière
était fille du colonel de Lestang, du régiment de Vintimille,
et de Mademoiselle de Wavrechin.

fidèle au Roi, et une mère née en Angleterre, pendant l'émigration, qui comptait ses parents parmi ses plus nobles représentants, Madame de Salins fut bien le type de la femme et de la mère chrétienne. Le devoir fut sa seule loi, et ses leçons, aussi bien que ses exemples, contribuèrent puissamment à développer dans le cœur de son fils les vertus qu'elle était habituée à voir fleurir autour d'elle et qu'elle considérait avec raison comme son plus bel héritage.

La courte notice que le journal local (1) consacra à cette vaillante femme quand Dieu, dans sa Miséricorde, voulut l'appeler à la Récompense, fait bien connaître l'âme de celle qui fut le premier et le meilleur éducateur de Ferdinand de Salins.

Nous la citons intégralement.

« Il y a cinq mois à peine, nous retracions ici la « mort héroïque de M. Ferdinand Guyot de Salins, « inspecteur-adjoint des forêts à Arès, victime de son « dévoûment.

« Aujourd'hui, un nouveau deuil frappe sa famille « déjà si éprouvée: Madame Marie-Antoinette Lavallée « de la Gilardrie, épouse de M. le comte Victor Guyot « de Salins, a rendu mercredi sa belle âme à Dieu, « après seulement quelques jours de maladie. Elle est « allée au Ciel retrouver l'âme de son fils bien-aimé, « dont le corps, hélas! est encore englouti dans l'Océan.

---

(1) Le *Morbihannais*, à la date du 8 avril 1884.

« Madame de Salins était une forte et vaillante
« chrétienne. Humble et modeste, elle consacrait à
« son mari, à ses enfants, aux pauvres, ses frères
« en Jésus-Christ, toute l'affection, toute la charité
« dont son cœur était animé.

« Fille d'un officier qui donna sa démission en
« 1830 pour rester fidèle à son Roi, sœur d'un magis-
« trat victime de la désorganisation judiciaire créée
« par la République, mariée à un fervent chrétien que
« l'on trouve à la tête de toutes les bonnes œuvres et
« qui a fondé une grande et utile association : l'Union
« Catholique, Madame de Salins avait puisé dans les
« pieuses traditions de sa famille, dans sa foi ardente,
« les convictions solides qui permettent, après une
« vie bien remplie, de voir arriver la mort sans crainte
« et sans terreur.

« Elle a eu la consolation de recevoir, avant d'en-
« trer dans l'Eternité, la Bénédiction de Notre Très-
« Saint-Père le Pape et celle de notre vénérable
« Evêque.

« Les pauvres de Lorient pleureront en Madame de
« Salins, membre de la Conférence des Dames de
« Saint-Vincent-de-Paul, fondatrice de l'œuvre de
« Sainte-Marthe, une généreuse bienfaitrice qui les
« nourrissait, les habillait et les consolait. Son mari,
« ses enfants, son frère, pleurent en elle la femme, la
« mère, la sœur qui était pour chacun d'eux l'amie la
« plus dévouée et la plus tendre.

« Vendredi, après les prières de l'Eglise, auxquel-
« les tous les catholiques de Lorient et d'Auray se
« se sont associés du fond du cœur, la dépouille mor-
« telle de Madame de Salins a été remise à la terre
« en attendant le jour glorieux de la Résurrection.

« A ceux qui l'aimaient et qui la regretteront
« toujours, nous n'adressons pas de banales conso-
« lations ; nous leur dirons seulement avec l'Evangile
« qui est leur loi :

« *Bienheureux ceux qui pleurent, car ils
seront consolés.* »

Dès ses plus jeunes années, Ferdinand Guyot de
Salins s'attacha à prouver qu'il était le digne enfant
de celle qui devait avoir la douleur de lui survivre,
peu de temps, il est vrai, mais qui pourtant, résignée
dans l'infortune, avait cette consolation, dont bien
des mères eussent été jalouses, de pouvoir dire :

« Ce fut un brave, c'était mon fils. »

Son enfance se passa à Lorient. Elevé à l'école que
nous venons de dire, Ferdinand aima Dieu dès qu'il
aima ses parents, et mérita même, par sa piété, de
devancer l'époque fixée pour la première communion.
Mais bientôt arriva l'heure douloureuse de la première
séparation ; il fallait quitter le milieu paisible de la
famille et de la ville natale ; une existence nouvelle
allait commencer pour lui.

Il avait été préparé à cette épreuve, la plus pénible de toutes, puisque c'est la première, celle qui attend l'enfant comme au seuil de la vie, par les enseignements qu'il avait déjà puisés chaque jour auprès des deux âmes d'élite qui, en lui inspirant le souffle vivifiant des principes religieux, lui avaient, s'il est permis de parler ainsi, mis entre les mains, en guise de premier livre, celui que l'on peut appeler le code des bons exemples, recueil aussi vaste et bien autrement précieux que celui qui renferme l'arsenal de nos lois. Dans la frêle imagination de l'enfant, l'exemple se grave d'une manière plus impérissable que sur le marbre ou l'airain, et son souvenir est, sans contredit, le secours le plus puissant que l'on puisse avoir dans les difficultés qui hérissent le chemin à parcourir depuis le berceau jusqu'à la tombe.

Le reflet de l'éducation chrétienne et des précieux exemples se retrouvent à chaque phase de la vie de Ferdinand de Salins. Il transmit aux autres ceux qu'il avait reçus de ses parents, et c'est assurément à eux qu'il fut redevable de mourir d'une aussi belle mort.

Après avoir passé quelques années à l'institution Le Hir, où sa bonne humeur, sa franchise, sa gaîté communicative lui avaient conquis tous les cœurs, en même temps que sa force physique et son adresse à tous les exercices du corps lui attiraient ce respect involontaire qui accompagne partout la supériorité, il entra au collège Saint-François-Xavier dirigé par les R. P. Jésuites à Vannes, et son passage dans les maisons de la Compagnie de Jésus devait exercer une influence décisive sur le caractère et sur la vie de Ferdinand de Salins. Avec les traditions qu'il avait puisées dans sa famille et les excellents principes d'instruction qu'il avait déjà reçus, son esprit était une terre bien préparée pour l'éclosion des vertus que devait produire la forte éducation chrétienne qui allait lui être donnée. Aussi les Pères apprécièrent bien vite Ferdinand qui édifiait les membres de la Congrégation des élèves, en même temps qu'il tenait les premiers rangs dans ses classes. Le succès couronna ses efforts. Reçu bachelier ès lettres à la fin de sa philosophie, il alla l'année suivante au collège de la rue des Postes et là, sous la même direction et avec le mêmesuccès, il remporta le diplôme de bachelier ès sciences.

Les R. P. Jésuites lui conseillèrent eux-mêmes, alors, puisqu'il voulait entrer à l'école forestière, d'aller préparer cet examen à Nancy, près de l'école, dans la maison d'éducation de Saint-Sigisbert, tenue par de pieux ecclésiastiques du diocèse, qui avaient établi un cours spécial de préparation à l'école qui occupait une place si honorable dans leur cité.

Dans cette maison de travail et de piété, Ferdinand excite la même sympathie et a les mêmes succès. Voici, du reste, le jugement qu'a porté sur lui dans la lettre

suivante adressée au père de Ferdinand, M. l'abbé
Morel, supérieur de cet établissement à la date du 28
novembre 1883.

« Ferdinand a été à l'école Saint-Sigisbert ce qu'il
« avait été au collège de Vannes, avec la différence
« qu'apportent les années et qui ajoute aux grâces de
« l'enfance le charme plus touchant peut-être d'une
« jeunesse pure et laborieuse ; trois traits saillants
« distinguent entre tous sa noble physionomie :

« 1° La loyauté et la droiture du caractère,
« loyauté telle qu'au cours de ces vingt ans passés
« au milieu des jeunes gens, je ne crois pas avoir
« rencontré sa pareille; son âme se reflétait tout en-
« tière sur son visage et sa pensée jaillissait de son
« franc et limpide regard ; sa parole valait à nos yeux
« toutes les preuves, et naguère Monsieur le Directeur
« de l'Ecole forestière lui rendait le même témoignage
« lorsqu'il me disait : « La parole de Guyot de Salins
« me suffisait, j'avais en sa loyauté la plus entière
« confiance. »

« 2° La bonté, la générosité du cœur ; elle se mon-
« tra surtout dans les œuvres de charité et de dévoû-
« ment vers lesquelles Ferdinand se sentit attiré tout
« d'abord et auxquelles il resta fidèle pendant ses
« années d'école. Ses camarades n'ont oublié ni l'é-
« loquence avec laquelle il plaidait la cause des famil-
« les dont il était chargé, ni la bonté simple et affec-
« tueuse avec laquelle il allait à ses chers pauvres.

— 16 —

« Aussi comme il en était aimé ! Sa bourse s'ouvrait
« au grand, large comme son cœur, et l'un de ses
« meilleurs amis, trésorier de notre conférence, a trahi
« le secret de ses libéralités. Il ne se contentait pas
« des offrandes ordinaires et savait prélever sur le
« budget des menus plaisirs pour arrondir le budget
« de la charité. Son amour pour les pauvres le ren-
« dait ingénieux et nous avons gardé le charmant
« souvenir de séances récréatives, très intéressantes,
« organisées par Ferdinand au profit de la loterie
« annuelle de la conférence. Il n'oublia pas ses
« chers pauvres à l'école forestière et il fut, pendant
« ses deux années d'école, un des membres les plus
« assidus et les plus zélés d'une conférence établie
« spécialement pour les jeunes élèves des Facultés et
« des Ecoles.

« 3° La fermeté de conviction et sa piété. Ferdi-
« nand portait ici la franchise d'allures et l'intrépidité
« d'âme qui le caractérisaient. Le premier au jeu, il
« était aussi le premier à la prière, le premier à la
« Table-Sainte où il venait s'asseoir et réparer ses
« forces tous les quinze jours, et cette règle, que lui
« avait dicté sa foi plus encore que la piété de ses
« maîtres, il eut la force d'y rester fidèle au milieu des
« dangers d'une grande ville et des séductions de la
« liberté. De tels exemples ne pouvaient pas rester
« sans effet ; la vue du courage rassure et entraîne les
« bonnes volontés chancelantes, sans compter que les

« qualités naturelles de Ferdinand et son rang d'en-
« trée à l'Ecole étaient bien de nature à lui donner
« une influence exceptionnelle. Il la mit tout entière
« au service du bien ; il tint très haut à l'école le dra-
« peau de la Religion et il l'y laissa au poste d'hon-
« neur, suivi par un grand nombre, aimé et respecté
« de tous. »

Veut-on savoir maintenant comment Ferdinand était
apprécié de ses camarades ? Nous laisserons à ce sujet
la parole à un de ses condisciples, qui, dans une lettre
écrite après avoir reçu la nouvelle foudroyante de sa
mort, aime à rappeler les souvenirs des jeunes années et dépeint si fidèlement celui dont il pleure la
mort, qu'il fait connaître son ami comme si l'on avait
vécu dans son intimité. La sincérité et l'émotion qui
percent à chaque ligne de ce document méritent
qu'on le reproduise dans son intégrité. Il nous le mon-
trera pendant son passage à l'école préparatoire de
Saint-Sigisbert et nous dira ses débuts à l'école forestière.

« Il avait un caractère tout d'une pièce, écrit
« M. Maurice Vélin. Une foi profonde, non seulement
« spéculative, mais pratique, était chez Ferdinand
« de Salins le principe de la source des convictions.
« Il mettait au service de ces convictions l'énergie
« indomptable d'une volonté tenace. D'un autre côté,
« l'aménité de son caractère, la délicatesse de ses
« sentiments, l'ascendant du talent, de la force

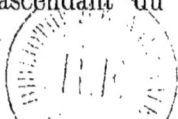

« physique et l'entraînement de sa gaîté le faisaient
« estimer et aimer de ceux qui l'approchaient.

« Il entra inconnu à la Maison des Etudiants. Au
« bout de huit jours, tous les élèves connaissaient de
« Salins.

« Une tradition de ce collège de grands jeunes
« gens était de ne pas jouer pendant les récréations.
« En vain les professeurs cherchaient à organiser les
« jeux : les élèves se promenaient par groupes, et les
« observations, les punitions mêmes. ne pouvaient
« venir à bout de leur entêtement. Mais Ferdinand
« ne se plaisait pas dans ces marches à petits pas dans
« une cour étroite. A défaut de ses champs libres de
« Bretagne, dont il parlait avec tant d'amour, il lui
« fallait des exercices violents. Il commença avec
« deux ou trois camarades et, à la fin de la semaine,
« tous les élèves jouaient. Sa force ne connaissait
« point d'obstacle ; son imagination était aussi puis-
« sante pour ces humbles services que pour ses
« études ; il multiplia les jeux jusqu'à ce que l'Admi-
« nistration de l'Ecole, elle-même, s'interposât ; deux
« élèves, qui en furent quittes d'ailleurs pour quelques
« jours de repos, ayant été envoyés à l'infirmerie le
« même jour, en un quart-d'heure de temps. Mais
« l'élan était donné et on joua pendant toute l'année.

« Le gymnase aussi était abandonné. On s'y mit
« tellement à sa suite, qu'à la fin de l'année il put
« organiser, au profit des pauvres, une séance d'acro-

« batie qui rapporta 200 francs à la caisse de la Con-
« férence de Saint-Vincent-de-Paul. Mais, aussi,
« quelle ardeur il y mettait ! Il fit ce qu'on appelle le
« *Poirier fourchu* au sommet d'une perche qui
« dépassait d'un pied le portique du gymnase. Il
« avait réservé cette surprise pour la fête des pauvres.
« L'Assemblée était stupéfiée ; le Directeur s'était
« précipité pour recevoir de Salins dans le cas où il
« tomberait. Son tour fait, de Salins redescendit
« tranquillement, ne comprenant rien à l'étonnement
« général. Le Directeur lui fit promettre de ne plus
« recommencer.

« Un autre jour, il paria 5 francs au profit de ses
« pauvres qu'il suivrait la corniche en saillie sur le
« deuxième étage de la Maison des Etudiants, le
« corps dans le vide, en se tenant seulement par les
« mains, et il gagna son pari.

« Aussi, il devint en peu de temps le héros de la
« Maison des Etudiants. Il profita de son influence
« pour faire le bien.

« Dès les premiers jours, il avait demandé à faire
« partie de la Conférence de Saint-Vincent-de-Paul.
« Son zèle fut infatigable dans cette humble carrière
« de dévoûment. Non content d'apporter à l'une des
« familles les plus nécessiteuses les secours de sa
« bourse et de ses conseils, il sacrifia des récréations
« pour aller visiter avec ses confrères les autres
« pauvres, et il fallait l'entendre, au retour de ses

« excursions, dire avec un haussement d'épaules : « Si
« tu avais vu ces malheureux ! » Ces jours-là,
« quelque vidée que fût la bourse des collégiens, on
« y trouvait une piécette pour ses protégés.

« Sa présence à la Conférence de Saint-Vincent-
« de-Paul eut aussi pour effet de resserrer les liens
« un peu distendus entre les confrères. Longtemps
« auparavant, je ne sais quelle discussion s'était éle-
« vée, envenimée et éternisée. Ferdinand fit tout ce
« qu'il put et arriva enfin à mettre tout le monde à la
« raison. Il ne se pressait pas pour agir ; malgré la
« vivacité de son caractère, il était patient et humble :
« aussi, tout ce qu'il a fait est resté.

« C'était à lui, notre aîné, qu'on allait demander
« des conseils : avait-on maille à partir avec des
« élèves, on le prenait pour arbitre et il apaisait les
« colères. Souvent aussi, dans ces irritations pro-
« fondes des collégiens contre leurs maîtres, un mot
« de lui calmait les esprits et évitait à tous bien des
« peines.

« Il avait une gaîté entraînante. Permettez-moi de
« vous citer un fait : Le 1er avril, jour de farces dans
« les collèges, un de ses camarades de classe, aujour-
« d'hui inspecteur-adjoint des forêts, vient lui dire,
« pendant l'étude du matin, que son professeur,
« M. l'abbé Xardel, l'attend pour corriger son épure.
« Ferdinand prend sa feuille, s'en va ; mais, chemin
« faisant, il soupçonne le piège, et, au lieu de se

« rendre chez son maître, il va faire une promenade
« de dix minutes. Après quoi il rentre, va trouver
« son camarade et lui dit : « M. Xardel a bien ri de
« la farce ; mais il a dit que, puisque j'étais là, il en
« profiterait ; — il a corrigé mon épure et m'envoie
« te chercher pour que tu lui montres la tienne. »
« Qui fut pris ? Ce fut ce malheureux garçon, qui,
« sans défiance, tomba dans son propre piège, et, au
« retour, fut accueilli par un éclat de rire général des
« élèves prévenus par Ferdinand.

« Aussi, le groupe des candidats à l'école forestière
« était-il, cette année-là, d'une gaîté qu'on n'a pas
« retrouvée depuis. Quand on s'amuse bien, on
« travaille bien : il a concouru pour une large part
« au grand succès que remporta la Maison des Étu-
« diants, et ce fut une désolation pour tous de le voir
« quitter le collège pour l'école forestière.

« Ferdinand de Salins nous quittait, mais il entrait
« dans une carrière plus remplie encore de difficultés
« à vaincre et d'ennemis de ces principes qu'il avait
« pris à tâche de défendre. Il entrait dans le monde
« par le chemin le plus pénible ; sortant d'un collège
« où toutes ses nobles aspirations étaient cultivées et
« honorées, il était porté soudain au milieu de jeunes
« gens disparates de goûts et de principes, sans con-
« viction, même parmi les meilleurs, et n'ayant
« d'autres aspirations que les jouissances qui faisaient
« surtout horreur à l'âme élevée de Ferdinand. Son

« courage, loin de faillir, grandit avec les difficultés
« et il sut se faire, sans forfanterie, son plan de combat
« et de victoire.

« Son caractère ne se prêtait pas aux petits com-
« promis de concessions réciproques. Il alla droit au
« but. Tout en restant aimable compagnon, il se
« montra inflexible pour tout ce qui touchait à la
« religion, de près ou de loin. Les brimades mêmes,
« qui d'ordinaire terrifient le conscrit, ne l'effrayèrent
« pas assez pour le faire dévier en quoi que ce fût de
« sa ligne de conduite. Il se mit donc à l'œuvre dès
« le premier jour.

« Il entrait à l'école forestière avec quatre de ses
« camarades de collège. Son premier soin fut de
« resserrer encore leur union. Il les entraîna avec lui
« à la Conférence de Saint-Vincent-de-Paul du cercle
« catholique de Nancy, et, une fois rassuré sur leur
« compte par cette garantie de charité, il courut à tous
« ceux qui lui paraissaient les meilleurs. Sa grande
« justesse d'esprit et sa prudence lui firent faire un
« choix judicieux ; il fallait l'entendre, au milieu de
« sa laborieuse campagne, lorsqu'il nous faisait part
« de ses espoirs et de ses déceptions. « Un tel, disait-
« il, est presque décidé ; il faudrait pour l'entraîner
« tout à fait tel ou tel incident. » Il suscitait cet inci-
« dent, et un jour il nous arrivait tout joyeux : « Nous
« le présentons ce soir à la Conférence » ou bien « Je
« le conduis demain chez le Père Didier-Jean. » Le

« Père Didier-Jean était aussi une de ses ressources ;
« il savait bien qu'une fois entre les mains d'un sage
« directeur un jeune homme est à demi-sauvé. Mais
« aussi, avec quelle peine il nous parlait de ceux qui,
« moins fermes dans leur foi, se laissaient prendre
« aux premiers entraînements de la jeunesse. C'était
« presque les larmes aux yeux qu'il racontait sa
« déception ; la charité le faisait excuser le coupable
« et il ne se rebutait pas devant ces mécomptes. Plus
« le mal était grand, plus il s'attachait à le combattre ;
« ses bons conseils redoublaient ; il mettait en con-
« traste la franchise de sa gaîté avec les plaisirs trou-
« blés de son malheureux camarade, et il arriva parfois
« à guérir, souvent à soulager le mal.

« Celui qui agissait ainsi dans la vie privée devait
« être un apôtre dans la vie publique. Un apôtre, c'en
« était un et par son courage, et par sa vertu, et par
« son humilité. Il avait la lourde tâche de réagir
« contre les habitudes d'une école où la morale,
« attaquée par les traditions de cinquante promotions,
« n'est maintenue que par le *decorum*. Il s'en prit
« tout d'abord aux usages les plus coupables ; il exigea
« qu'au cercle particulier des élèves on n'admît plus
« que des forestiers ou leurs amis, et qu'il ne s'y
« passât plus de ces scènes scandaleuses qui étaient
« un danger pour les honnêtes et une honte pour tous.
« Devant la résolution de son *veto,* anciens et nou-
« veaux s'inclinèrent : ce fut sa première victoire.

« Les traditions aussi avaient introduit deux chan-
« sons. Dans l'une, la morale était odieusement outra-
« gée. Un jour qu'à la table du restaurant on l'avait
« entonnée, Ferdinand se leva et s'écria que, si l'on
« continuait, il sortirait immédiatement. Deux ou trois
« voix continuèrent, il sortit et avec lui six de ses
« compagnons. On ne recommença plus la chanson.

« Un autre jour, dans un punch solennel offert à
« trois promotions, on commença un chant qui avait
« pour refrain un blasphème. Sans s'inquiéter de
« l'opinion et ne pouvant dominer le bruit, il siffla
« jusqu'à ce qu'on se fût arrêté, et alors il demanda à
« remplacer les mots qui déplaisaient à sa conscience
« par d'autres paroles meilleures et mieux adaptées.
« Il y eut du tapage ce soir là, mais, dans la suite,
« il fut le premier à entonner la chanson ; il fit chanter
« son refrain et la nouvelle variante passa dans la
« coutume.

« Aussi, on ne s'étonna point de voir avec Ferdi-
« nand un groupe nombreux d'élèves de l'Ecole
« forestière, en uniforme, suivre le saint Sacrement
« autour de la Cathédrale, le jour où, pour la première
« fois, il fut défendu à Dieu de sortir de son temple.
« Il avait aussi obligé le restaurateur à donner, le
« vendredi, un plat maigre au lieu du plat de viande,
« de sorte que les forestiers pouvaient, lorsqu'ils le
« voulaient, obéir aux lois de l'Eglise.

« Que vous dire de plus sur son temps à l'Ecole ?

« Il vous a confié, sans doute, plus qu'à nous, son
« amour pour la carrière forestière, ses nobles efforts,
« ses inquiétudes et ses joies. Chaque jour était un
« jour de lutte ; il voulait, sans s'en glorifier, mora-
« liser sa chère Ecole, et il y parvint autant qu'il est
« humainement possible.

« Ajouterai-je qu'il trouvait encore, malgré ses
« travaux, du temps à consacrer à ses amis du de-
« hors ? J'ai eu l'honneur de vous communiquer la
« lettre de l'un d'entre eux, Paul Buffault, où Fer-
« dinand est estimé à sa juste valeur. Oui, Monsieur,
« c'est à lui que nous devons les plus beaux jours
« de notre jeunesse, c'est lui qui nous a communiqué
« l'étincelle du feu sacré ; il nous entraînait à sa suite
« vers le bien ; il nous enlevait. Sachant qu'il faut
« faire dépenser aux jeunes gens un trop plein de
« vigueur, il nous avait engagés dans de bonnes
« œuvres : la visite des pauvres, des conférences
« littéraires entre nous, un journal même, un petit
« journal dont la composition et la lithographie em-
« ployaient notre temps et notre esprit. Il encoura-
« geait nos efforts en partageant nos travaux ; il pro-
« nonçait des toasts dans nos réunions. Toujours ses
« bons conseils étaient à notre disposition. Il était le
« le lien qui nous unissait, et lorsqu'il a quitté Nancy,
« nous nous sommes peu à peu séparés. Cependant
« son œuvre reste encore : son influence est respectée
« à l'école forestière, et nous emportons dans le

« monde le souvenir précieux de ses vertus et de ses
« conseils. Sa mort de héros, seule digne de couron-
« ner sa vie d'apôtre, est venue donner un relief nou-
« veau à son souvenir : le bien qu'il a fait durera davan-
« tage ; sur la terre il n'était qu'un homme, là haut
« c'est un saint ; il est notre protecteur près de Dieu.

« Voilà, Monsieur, en de trop courtes pages, le
« résumé de la vie de Ferdinand à Nancy. Combien
« de nobles actions son humilité chrétienne a-t-elle
« réussi à cacher ? Dieu seul le sait ; et il l'en ré-
« compense aujourd'hui.

« Pour nous, ses amis qu'il laisse sur la terre,
« nous l'avons pleuré comme un frère. »

Il n'est pas sans intérêt ici de rappeler un incident
de son entrée à l'Ecole de Nancy. Ferdinand venait
de subir ses examens pour l'Ecole forestière et il
était venu passer les vacances dans sa famille, à la
campagne, près de Lorient. Enfin, après une longue
attente, le journal arrive contenant la liste des admis-
sions. Ferdinand l'ouvre, voit qu'il y a vingt candidats
reçus, lit les cinq ou six derniers noms, puis n'y
trouvant pas le sien, remet le journal sur la table en
disant simplement : « Ce sera pour l'année prochaine ;
au reste je ne suis pas surpris de n'être pas reçu la
première fois que je me présente ». Cependant, autour
de lui, on reprend le journal, on lit la liste des noms
proclamés admis, en commençant cette fois par le

commencement. Ferdinand de Salins était déclaré admis avec le n° 1, mais telles étaient sa modestie et sa simplicité, qu'osant à peine penser être reçu dans les derniers, il avait commencé à lire la liste par la fin et n'avait même pas prolongé la lecture jusqu'aux premiers numéros. Il entrait donc à l'Ecole forestière de Nancy, comme major de la 55ᵉ promotion.

A l'Ecole forestière, Ferdinand fut ce qu'il avait été partout, respecté pour la fermeté de son caractère, aimé pour la bonté de son cœur. Dans un milieu d'indifférence en matière religieuse, contagion à laquelle les faibles ne savent guère se soustraire, il sut se montrer toujours fidèle observateur des lois de l'Eglise, et on le verra plus tard, à Arès, pratiquer sans faste, sans ostentation, un des préceptes les moins fidèlement observés de la Religion.

Sans se soucier des épreuves vexatoires auxquelles, dans les écoles du gouvernement, on a conservé la coupable faiblesse de laisser en butte les nouveaux élèves, pas plus que des railleries de ses camarades, on le vit toujours refuser avec énergie de se soumettre à des exigences déplacées qui faisaient partie des traditions de l'Ecole. Il faut dire pourtant, à la louange de certains de ses condisciples, qu'il rencontra parmi eux de nobles cœurs capables de comprendre le sien, et qui lui furent d'un précieux secours dans la tâche qu'il s'était donnée de faire disparaître quelques usages blâmables.

Au sortir de l'Ecole, il fut nommé garde-général à Arès. Là encore sa conduite fut celle du fervent chrétien ; là encore, il fut l'homme du devoir, et s'attacha à le remplir avec un soin qui allait jusqu'au scrupule.

Le curé d'Arès nous a raconté qu'un jour Ferdinand de Salins fut invité à dîner avec un ami qu'il aimait beaucoup. Le jeune fonctionnaire accepta avec joie l'invitation. Mais, au jour indiqué, il se rappela qu'il avait donné rendez-vous à ses gardes pour une tournée de service. Il suffisait d'un contre-ordre, puisqu'il était le maître. Ferdinand ne voulut pas l'envoyer, et il préféra faire à ses devoirs professionnels un sacrifice qui devait lui être pénible.

Son chef immédiat, M. Moyse, ne fut pas longtemps à discerner le mérite du garde-général. Ses brillants débuts dans la carrière, car il était entré avec le premier numéro à l'Ecole forestière, peut-être plus encore que les liens de parenté qui l'unissaient à un des collègues les plus aimés du directeur, avaient tout d'abord attiré sur lui la bienveillante attention de M. Moyse. Celui-ci s'aperçut bientôt que Ferdinand n'était pas seulement le modèle des fonctionnaires, mais qu'il possédait une de ces natures exceptionnelles qui conquièrent l'estime et l'affection de tout homme intelligent.

« Pendant une année de collaboration avec ce jeune « agent, écrivait M. Moyse, dans le numéro de la « *Revue des Eaux et Forêts* du mois de novem-

« bre 1883, il nous a été donné d'apprécier l'ensem-
« ble si rare de ses qualités, la haute élévation de
« ses sentiments, sa droiture, sa délicatesse, sa vive
« intelligence, son zèle ardent pour son métier et cet
« abord franc et ouvert qui lui attiraient irrésistible-
« ment toutes les sympathies. Plein de déférence en-
« vers ses chefs, dont il suivait les conseils avec re-
« connaissance, alliant à la plus grande douceur toute
« la fermeté désirable chez un fonctionnaire, profon-
« dément imbu du sentiment du devoir et de l'équité,
« il serait certainement arrivé à occuper une situation
« élevée dans le corps auquel il était si fier d'appar-
« tenir.

« Est-il utile de parler de la bienveillance et de la
« sollicitude dont il entourait ses subordonnés. Le
« dernier acte de sa vie en est la preuve la plus
« éclatante.

« Le souvenir de Ferdinand de Salins restera
« éternellement gravé dans le cœur de ceux qui l'ont
« connu et dans la mémoire de tous les fores-
« tiers. »

Il est, certes, impossible de rencontrer un plus
bel éloge. Le portrait du fonctionnaire est magistra-
lement tracé par une plume aimée et convaincue.
Mais il ne serait pas complet si l'on ne mettait à côté
le portrait du chrétien, et c'est d'abord Ferdinand de
Salins qui se charge de l'esquisser lui-même. Dans
son modeste portefeuille, retrouvé après sa mort, ce

ne fut pas sans une profonde émotion que l'on put lire ceci :

« Fais ce que dois, advienne que pourra. » Et quelques considérants dont le dernier est celui-ci :

« Considérant que je mourrai probablement bientôt « et que je serai surpris,

« Je prends les résolutions suivantes :

« 1° Je tâcherai de m'éclairer sur la Religion ;

« 2° Je repousserai énergiquement les tentations, « soit contre la foi, soit contre la pureté ;

« 3° Je manifesterai ouvertement ma foi, mes « convictions religieuses et ma pratique ;

« 4° Je me confesserai le plus tôt possible, aussitôt « que j'aurai sur la conscience un péché mortel ;

« 5° Je tâcherai d'être d'un caractère égal, de ne « jamais me mettre en colère ;

« 6° De refuser tout duel défendu ;

« 7° De ne pas faire de médisances ;

« 8° De me mettre pour toute ma vie sous la pro- « tection de la Sainte-Vierge ;

« 9° De ne pas m'exposer inutilement aux tenta- « tions ;

« 10° D'être toujours chrétien et pratiquant. »

Tous ceux qui l'ont connu peuvent dire s'il est resté fidèle à ces nobles maximes dont il avait fait la règle de sa vie. L'un de ses plus chers amis le proclame en ces termes dans des pages qu'il nous faut citer :

« Il ne s'est pas montré seulement admirable dans
« sa vie intime ; il a compris que tous les hommes
« sont solidaires et qu'ils se doivent les uns aux
« autres la vérité. Il était de ceux pour lesquels la
« vie apparaît comme un apostolat. Entraîner les
« autres au bien semble avoir été sa constante pré-
« occupation. Que de fois ne nous a-t-il pas donné
« cet édifiant spectacle à l'école Saint-Sigisbert et à
« l'Ecole forestière ! Avec un caractère aussi solide-
« ment trempé que le sien, c'est un besoin d'affirmer
« hautement ses croyances à la face de tous. Jamais
« Ferdinand n'y faillit. Au cercle des élèves, il avait
« obtenu que l'on n'admît plus que des forestiers ou
« leurs amis, et qu'il ne s'y passât plus rien qui
« blessât les convenances. Un jour, dans un restau-
« rant, quelques-uns des convives entonnent une
« chanson où la morale était grossièrement outragée.
« Ferdinand se lève et menace de sortir. Deux ou
« trois voix continuent le refrain commencé. De Salins
« quitte la salle et six de ses compagnons suivent ce
« courageux exemple. La leçon avait porté ses fruits.
« On ne recommença plus.

« Alors que tant d'autres par le temps d'impiété
« officielle où nous avons le malheur de vivre, met-
« tant en balance le souci de leur avenir administratif
« avec leurs sentiments religieux, se dissimulent de
« leur mieux dans une église et renoncent à tout
« insigne qui serait de nature à signaler un acte de

« dévotion aux yeux du public ; tout Nancy se rappelle
« que le jour où, pour la première fois, il fut interdit
« à Dieu de sortir de son temple, parmi la procession
« qui escortait le Saint-Sacrement dans la cathédrale
« un groupe de jeunes élèves forestiers, en uniforme,
« attirait tous les regards surpris et charmés. A leur
« tête était Ferdinand de Salins qui, de même que
« l'on disait déjà de lui qu'il était sans reproche, vou-
« lait que l'on pût dire aussi qu'il était sans peur. »

D'autre part, c'est M. l'abbé Bahougne, curé
d'Arès, qui rend de Ferdinand de Salins cet éclatant
témoignage : « Le sentiment de ses devoirs avait
« pour base sa foi vive et éclairée qui se traduisait
« par la pratique de tous ses devoirs de chrétien...
« Les personnes pieuses n'oublieront jamais cet admi-
« rable jeune homme faisant sa communion tous les
« mois, suivie d'un quart-d'heure d'actions de grâces.
« Pas un vendredi, pas un jour de jeûne, qu'il n'ait
« observé la loi de l'abstinence, et ceci dans un petit
« hôtel de campagne ; les quelques jeunes gens qui
« prenaient pension avec lui subirent l'influence de
« son exemple. »

Toujours et partout l'accomplissement du devoir,
jusque dans la mort qui, comme l'écrivait un de ses
anciens maîtres, « l'a pris pour un vieillard à cause de
ses mérites. »

Il est temps d'arriver à ce lugubre événement que

la *Revue des Eaux et Forêts* racontait en ces
termes :

« Le 16 octobre, après une tournée de service au
« cap Ferret, notre regretté camarade, M. Ferdinand
« de Salins, venait de s'embarquer avec trois pré-
« posés, MM. Popis, brigadier, Ducamin et Bousquet,
« gardes, sur le bateau de l'Administration pour
« regagner Arès. La mer était houleuse et le vent
« soufflait avec violence. Pendant l'appareillage, la
« drisse qui retenait la voile s'étant brusquement
« rompue, l'intrépide de Salins, se dévouant au salut
« commun, n'hésite pas à grimper au mât pour réparer
« l'avarie, mais le poids de son corps fait basculer la
« barque dans laquelle l'eau se précipite, et les trois
« préposés, dont aucun ne savait nager, n'ont que le
« temps de se cramponner à la quille de l'embarcation
« renversée sur laquelle leur jeune chef vient bientôt
« les rejoindre. Le naufrage avait lieu assez près du
« rivage pour que les cris d'alarme puissent être
« entendus, et tout faisait espérer un prompt secours :
« malheureusement, le brigadier Popis, affaibli par
« les fièvres paludéennes, à bout d'énergie, lâche
« l'appui qu'il avait saisi comme ses compagnons d'in-
« fortune et disparaît, entraîné par la lame. C'est
« alors que notre héroïque camarade qui, excellent
« nageur, veillait d'un œil anxieux au salut de ses
« hommes, quitte spontanément à son tour la quille
« protectrice pour essayer d'arracher à la mort son

« malheureux brigadier. Il ne doutait pas du succès
« de son entreprise : « *Tenez-vous bien à moi,*
« *brigadier, je vous sauverai.* » Telles sont les
« émouvantes paroles qui retentissent aux oreilles
« des gardes Ducamin et Bousquet et leur signalent
« pour la dernière fois la présence de leur jeune chef
« au milieu d'eux. Quelques instants après, les flots
« avaient englouti les deux malheureuses victimes.
« Une demi-heure plus tard, les deux gardes, plus
« heureux que leurs supérieurs, étaient recueillis par
« une embarcation que M. Lesca, conseiller général
« de la Gironde, dont la villa était proche, avait
« envoyée au secours des naufragés dès que leurs
« cris avaient été entendus.

« Au moment où nous écrivons ces lignes, nous
« apprenons que le cadavre du brigadier Popis vient
« d'être rejeté par les flots, à la pointe du cap Ferret ;
« quant à celui de son chef, malgré les plus actives
« recherches, il n'a pu encore être retrouvé.

« Nous n'essaierons pas de décrire le désespoir des
« parents de notre infortuné camarade ; il n'est pas
« d'expression pour rendre de telles douleurs.

« M. de Salins père, arrivé à Arès au lendemain
« de la terrible catastrophe, a fait célébrer, dans
« l'église de cette commune, un service funèbre
« auquel M. le Conservateur et tous les agents fores-
« tiers du département ont officiellement assisté, ainsi
« que M. l'Inspecteur divisionnaire des douanes de la

« Teste. Ce dernier, pour témoigner encore plus de
« sa profonde sympathie, a bien voulu mettre à la
« disposition de M. le Conservateur un certain
« nombre de ses préposés pour former, avec les
« préposés forestiers du cantonnement, le piquet
« d'honneur qui était commandé par M. le garde
« général Gence, officier des chasseurs forestiers.
« Il est superflu d'ajouter que l'église d'Arès était
« remplie d'une foule émue et recueillie, et qu'une
« réelle tristesse était empreinte sur tous les vi-
« sages. »

A cette triste cérémonie, M. le Curé d'Arès, qui
avait particulièrement connu et aimé Ferdinand,
adressa à la nombreuse assistance, venue pour témoigner de son admiration pour le héros qui n'était plus,
les paroles suivantes :

« Mes bien chers Frères,

« Suivant le désir du vénérable père du cher et
« regretté M. Ferdinand Guyot de Salins, je recom-
« mande à vos prières son fils et le brigadier Popis ;
« j'offre, pour le repos de leurs âmes, le saint Sacri-
« fice de la Messe.

« Grâce à Dieu, l'un et l'autre ont été des modèles
« de vertu et de piété chrétienne.

« Le brigadier Popis comptait vingt-sept années
« de bons et loyaux services. Il laisse trois enfants en
« bas-âge et une veuve désolée qui trouvera, nous

« l'espérons, de grandes consolations dans sa foi et
« dans sa piété.

« Quant à notre cher Ferdinand de Salins, l'im-
« mense douleur et la profonde délicatesse de son
« père me défendent de vous rappeler ses belles et
« rares qualités. Vous vous souvenez de sa conduite
« loyale et franchement chrétienne : il a été héroïque
« dans sa mort en voulant sauver la vie de son
« brigadier.

« Faites, mon Dieu ! que l'exemple de ses vertus
« reste gravé dans le souvenir de tous ceux qui l'ont
« connu.

« Au nom de sa pieuse famille, au nom de l'affec-
« tion que vous lui portiez, priez pour lui en ce
« moment. Son âme si généreuse intercédera pour
« vous dans le Ciel, où je désire que, tous, nous le
« retrouvions un jour. »

À moins de donner à cette simple notice les propor-
tions d'un volume, il serait impossible de citer tous
les témoignages d'estime, d'admiration et d'affection
qui parvinrent au père de Ferdinand de Salins. Nous
reproduisons pourtant, comme particulièrement signi-
ficative, la lettre que le Ministre de l'Agriculture
écrivit lui-même à M. de Salins, car l'ardeur des
sentiments religieux de Ferdinand, pas plus que les
idées de sa famille, ne le désignait à la bienveillance
d'un Gouvernement qui n'a pas craint de déclarer la
guerre à la Religion. Voici cette lettre :

MINISTÈRE   DIRECTION

DE   DES

L'AGRICULTURE   F O R Ê T S

Paris, le 26 Octobre 1883.

« Monsieur,

« La nouvelle du malheur qui vient de vous frapper
« a ému tout le corps forestier, et si votre douleur
« pouvait trouver quelque soulagement, ce serait
« dans le regret unanime que laisse parmi ses cama-
« rades ce jeune agent mort victime de son dévoue-
« ment en voulant sauver son infortuné brigadier.

« Aussi, je tiens, Monsieur, à vous exprimer mes
« sentiments sympathiques et ceux de tous les agents
« forestiers qui conserveront avec fierté la mémoire
« de M. l'inspecteur-adjoint Guyot de Salins, dont la
« noble fin honore l'Administration tout entière.

« Recevez, Monsieur, l'assurance de ma considé-
« ration très distinguée.

« *Le Ministre de l'Agriculture,*

« G. Méline. »

A l'école de Nancy, l'on s'empressa de porter à la
connaissance de tous, par la voie de l'ordre, l'héroïsme
de Ferdinand de Salins. Voici cet ordre qui fut lu à
l'appel de midi, devant l'Ecole forestière, réunie en
armes, affiché dans toutes les classes de l'Etablis-
sement, et auquel le commandant Montignault avait
ajouté ces belles paroles :

« Messieurs, dans les dangers, souvenez-vous de
de Salins et vous serez des héros. »

ADMINISTRATION
DES
FORÊTS

MINISTÈRE DE L'AGRICULTURE

ÉCOLE NATIONALE
FORESTIÈRE

ORDRE

« Le Directeur de l'Ecole porte à la connaissance
« de MM. les Elèves l'héroïque dévouement de notre
« camarade Guyot de Salins, de la 55e promotion,
« inspecteur-adjoint à Arès.

« Le 16 octobre, dans la baie d'Arcachon, la tem-
« pête désempare le bateau du service des dunes
« monté par l'inspecteur-adjoint, un brigadier et deux
« gardes. De Salins risque sa vie pour rétablir le
« gréement ; le bateau chavire ; les deux gardes et
« lui réussissent à s'y accrocher, mais le brigadier,
« père de quatre enfants, n'a pu y parvenir. Notre
« brave camarade n'hésite pas, il se jette à la mer
« pour le ramener au bateau et le sauver : il disparaît
« avec lui... Quelques heures après, les deux gardes
« étaient sauvés et l'Océan conservait le chef mort
« pour son subordonné, le jeune homme se sacrifiant
« au père de famille.

« Honneur au camarade de Salins, car il est la
« suprême expression du devoir accompli et du sacri-
« fice au pays.

« Que sa mémoire reste dans nos souvenirs et dans
« ceux de l'Ecole qu'il vient d'honorer !

« Le présent sera lu à l'appel de midi par M. le
« commandant Montignault et sera affiché dans les
« salles, au-dessus des ordres de service.

« Nancy, le 30 octobre 1883. »

Cinq longs mois après la catastrophe d'Arès, les
nombreux amis de Ferdinand et de sa famille se pres-
saient dans l'église paroissiale de Saint-Gildas d'Auray
pour rendre au vaillant jeune homme les derniers
devoirs.

Tous recueillis, le cœur plein de regrets, suivaient
à sa dernière demeure la noble victime de la charité.

Ils étaient tous là, amis du défunt, supérieurs, camarades, subalternes, compatriotes, pleurant celui qui
n'était plus, livrés à une douleur profonde, des larmes dans le regard.

Le premier pasteur du diocèse, monté à la tribune
sacrée, et là, d'une voix vibrante d'émotion, simplement, comme un père qui constate l'héroïsme de
son enfant, il rend à ce fils de l'Eglise un suprême
témoignage de paternelle sympathie.

Il commente éloquemment ce texte des livres sa-
crés : « Ne pleurez pas sur moi, mais plutôt sur
« vous et sur vos enfants. »

« Il n'y a pas lieu, dit Monseigneur Bécel, de
« pleurer sur ce jeune homme mort au champ d'hon-

« neur, et qui, assurément, a rejoint au ciel la mère
« dont sa perte avait brisé le cœur. »

Et le Pasteur qui doit à ses ouailles la vérité,
enseigne, près de ce cercueil qui prêtait à ses paroles
une majesté et une autorité toutes particulières, les
bienfaits de l'éducation chrétienne.

« C'est au sein de la famille, dit-il, telle que l'a
« instituée l'Eglise, que la Providence envoie Ferdi-
« nand de Salins se retremper, quelques jours avant
« d'accomplir son héroïque sacrifice.

« C'est aux pieds de Sainte-Anne, de cette mère
« des Bretons, dont les fils se sont fait remarquer
« par leur vaillance et leur foi, qu'il vint faire sa
« dernière Communion. »

Après l'absoute, le convoi se dirigea vers le cime-
tière.

Près de sa tombe, M. Poucin, Conservateur des
forêts à Alençon, qui l'avait spécialement aimé et qui
s'était fait le guide et l'ami de Ferdinand, adressa à
l'assistance les paroles suivantes qui portèrent au
comble l'émotion de tous.

« Messieurs,
« Permettez-moi de vous retenir quelques instants
« pour vous redire une fois de plus ce que fut le
« jeune homme dont les restes, heureusement retrou-
« vés, vont être enfin déposés sous cette terre ; je l'ai
« connu personnellement, et de plus, en quittant

« Alençon pour me rendre au milieu de vous, j'ai
« reçu de M. le Directeur des forêts lui-même délé-
« gation pour représenter l'Administration à cette
« cérémonie funèbre.

« Je ne vous retiendrai d'ailleurs pas longtemps :
« je sais qu'après les consolations que la Religion
« vient de répandre à pleines mains, celles que j'ai à
« vous offrir sont de moindre valeur pour une fa-
« mille pieuse ; mais à une douleur aussi profonde,
« à des regrets aussi justes que les nôtres, on ne sau-
« rait apporter trop de soulagement, et je crois bon
« de redire, dans ces circonstances solennelles, avec
« l'autorité que me donne la délégation du Directeur
« de l'Administration, l'impression que laisse après
« lui celui que nous pleurons ensemble.

« Ferdinand-Marie-Victor-Louis Guyot de Salins,
« au sortir de l'Ecole forestière de Nancy, est arrivé
« dans mon inspection de Bordeaux au mois d'octo-
« bre 1881, à l'âge de vingt-deux ans, en qualité de
« garde général.

« Je l'ai reçu pour ainsi dire des mains de son
« oncle, ancien forestier lui-même, mon chef autre-
« fois et mon ami toujours. M. de Wavrechin est
« descendu dans la tombe peu de temps après avoir
« appris la noble fin de son jeune parent ; laissez-
« moi les associer tous deux dans mes meilleurs
« souvenirs et dans mes plus vifs regrets. Cette re-
« commandation intime vous explique avec quelle

« sollicitude j'ai guidé les premiers pas de mon nou-
« veau garde général dans la carrière administrative ;
« la nature d'élite de mon jeune camarade vous fait
« comprendre l'affection que je lui ai gardée.

« Dès son arrivée dans la Gironde, je l'ai installé
« au cantonnement d'Arès, qu'il n'a pas quitté de-
« puis. Ses dispositions naturelles, l'élévation de ses
« sentiments, la droiture de son caractère, sa doci-
« lité aux conseils de ses chefs, son amour de la forêt
« lui assuraient une brillante carrière. Si elle n'a pas
« été longue, il faut s'en prendre aux qualités émi-
« nentes de son cœur dont il a été l'infortunée vic-
« time. Sa générosité, son dévouement ne connais-
« saient point de bornes, vous en avez la preuve dans
« sa fin héroïque.

« Le 15 octobre 1883, il rentrait de tournée en
« barque à travers le bassin d'Arcachon ; une vio-
« lente tempête s'élève, la baleinière sur laquelle il
« se trouvait avec ses gardes chavire. Tous se tien-
« nent d'abord à la quille renversée ; mais bientôt le
« brigadier, dont les forces sont épuisées par les
« fièvres, lâche prise ; et son jeune chef, attentif au
« salut de ses hommes, voyant que celui-ci va périr,
« sans hésiter se jette à la nage, et s'élance intrépi-
« dement vers lui en criant : « Tenez-vous bien à
« moi, brigadier, je vous sauverai. »

« Retenons ces mots, Messieurs ; ce sont les der-
« niers qui soient sortis de sa poitrine. Il y a cinq

« mois qu'ils ont été prononcés, ils retentissent encore
« sur le bassin d'Arcachon..... Vous savez le reste.
« Une lame énorme surgit, et elle engloutit le
« malheureux brigadier et son héroïque sauveteur...
« C'est en me rendant à Paris que j'appris ce tra-
« gique événement ; j'allais précisément rappeler à
« l'Administration la promesse qui m'avait déjà été
« faite de nommer M. de Salins, devenu inspecteur-
« adjoint, non dans ce département, mais dans un
« département voisin compris aussi dans ma conser-
« vation. Vous dirais-je mon émotion et les regrets
« unanimes dont je fus témoin en arrivant à l'Admi-
« nistration ? Une voix bien plus autorisée, la plus
« haute qu'on puisse entendre en pareille circons-
« tance, s'est faite l'interprète éloquente de ces re-
« grets, c'est celle du Ministre lui-même qui s'est
« empressé d'écrire à son père combien la noble fin
« de M. l'Inspecteur-adjoint Guyot de Salins hono-
« rait l'Administration des forêts tout entière.

« De son côté, l'École forestière, qui a pieuse-
« ment consacré la mémoire des élèves tombés vic-
« times de leur courage pendant la guerre, a voulu
« conserver aussi le souvenir de Ferdinand de Salins
« victime de son dévoûment dans ses fonctions : un
« ordre de jour a été lu par le commandant devant
« les élèves rassemblés sous les armes, et son por-
« trait a été installé dans la salle de réunion.

« Je voudrais qu'au bas de ce portrait on écrivit

« en lettres d'or ses dernières paroles : » Tenez-vous
« bien à moi, je vous sauverai. »

« Elles sont un honneur pour lui, puisqu'elles
« contiennent la preuve de son dévoûment ; elles
« sont en même temps un enseignement pour les
« promotions qui se succèderont à Nancy.

« Si, durant quelques jours de faiblesse passagère,
« — il peut en survenir au début, — les jeunes
« agents trouvent l'obéissance difficile, la solitude des
« premiers postes pénible, ils penseront à leur an-
« cien, Ferdinand de Salins, à sa docilité qui le ren-
« dait si sympathique, à l'égalité de son caractère, à
« son amour du métier qui lui faisait accepter sans
« murmure les contrariétés de la vie, et ils repren-
« dront courage.

« Que, plus tard, vienne une de ces circonstances
« où le devoir et l'honneur professionnel sont en lutte
« avec l'intérêt particulier et la sécurité personnelle ;
« ils n'hésiteront pas plus que l'intrépide inspecteur-
« adjoint d'Arès, dont le dévoûment et l'abnégation
« éclatent dans ses dernières paroles : « Tenez-vous
« bien à moi, je vous sauverai. »

« Ferdinand de Salins, mon jeune camarade, mon
« cher ami, je suis venu jusqu'ici pour vous dire
« mon dernier adieu ; je suis venu aussi, envoyé par
« l'Administration, pour recueillir la part du corps
« forestier dans l'héritage d'honneur que vous laissez
« après vous. Que de fois je vous ai entendu dire

« que vous étiez fier d'être des nôtres ; le corps vous
« le rend bien aujourd'hui, et, je vous l'assure, il
« s'enorgueillira toujours de vous avoir compté parmi
« ses membres. J'en ai pour garants les souvenirs
« qui vous arrivent aujourd'hui de Paris. de Nancy,
« de Bordeaux.

« Pauvres parents ! la mort de votre fils, de votre
« frère a été bien douloureuse pour vous, elle est à
« jamais regrettable pour tous ; mais voyez comme
« elle a été glorieuse et méritante pour lui : la parole
« d'un prélat de l'Eglise vous annonce que son âme
« repose en la présence de Dieu, et moi je vous dé-
« montre que, par surcroît, sa mémoire vivra parmi
« les hommes. »

A cette heure l'émotion est à son comble, des larmes sont dans tous les yeux, chacun comprend la
perte que fait le pays dans ce modeste enfant du
devoir.

Ses camarades sont là aussi, représentés par un
des leurs, M. de Lajaumont, qui vient jeter en leur
nom ce touchant adieu à celui dont ils se rappelle-
ront l'amitié durant toute leur existence.

« Je viens aussi au bord de cette tombe offrir un
« dernier hommage à mon cher défunt, et je viens
« exprimer ici les regrets de tous ses camarades de
« l'Ecole forestière et particulièrement de ses cama-
« rades de la 55e promotion. Tous l'ont trop connu

« pour ne pas l'aimer et je sais qu'il avait l'estime
« et l'affection de tous. Personnellement j'ai vécu
« pendant deux ans plus près de lui que tout autre,
« et ce que l'on devait peut-être admirer le plus en
« lui, c'était sa conduite exemplaire, c'était sa bonté
« de cœur, c'était aussi son dévouement sans bornes
« dont le dernier acte de sa vie est la preuve écla-
« tante. Entré à l'Ecole forestière avec le numéro 1,
« sa carrière s'ouvrait brillante devant lui. Mais Dieu
« n'a pas voulu lui faire attendre plus longtemps sa
« récompense et il l'a appelé à lui. Je ne doute pas
« que cette pensée ne soit une consolation pour son
« malheureux père et qu'il ne trouve dans le chagrin
« de ses nombreux amis un adoucissement à sa
« douleur. »

Par le soin pieux de ses camarades, pénétrés de
regrets et d'admiration pour le jeune héros, un monument s'élève à la pointe Ferret, près de la baie d'Arcachon. Sur une plaque de marbre, adaptée au monument, on lit cette simple inscription :

A LA MÉMOIRE
DE FERDINAND GUYOT DE SALINS,
INSPECTEUR-ADJOINT DES FORÊTS A ARÈS
MORT EN VUE DE CETTE PLAGE,
LE 16 OCTOBRE 1883

LA BALEINIÈRE DE L'ADMINISTRATION AYANT
CHAVIRÉ, IL SE JETA COURAGEUSEMENT AU
SECOURS DU BRIGADIER POPIS QUE LA
VAGUE EMPORTAIT, ET DISPARUT
AVEC LUI DANS LES FLOTS
TOUS DEUX PÉRIRENT, L'UN VICTIME DE SON
DÉVOUEMENT, L'AUTRE DE SON DEVOIR
LES CAMARADES ET LES AMIS DE FERDINAND
DE SALINS LUI ONT ÉRIGÉ CE MONUMENT

Marquis DE BELLEVAL

BEAUVAIS, IMPRIMERIE A. SCHMUTZ, 27, RUE SAINT-PANTALÉON

54

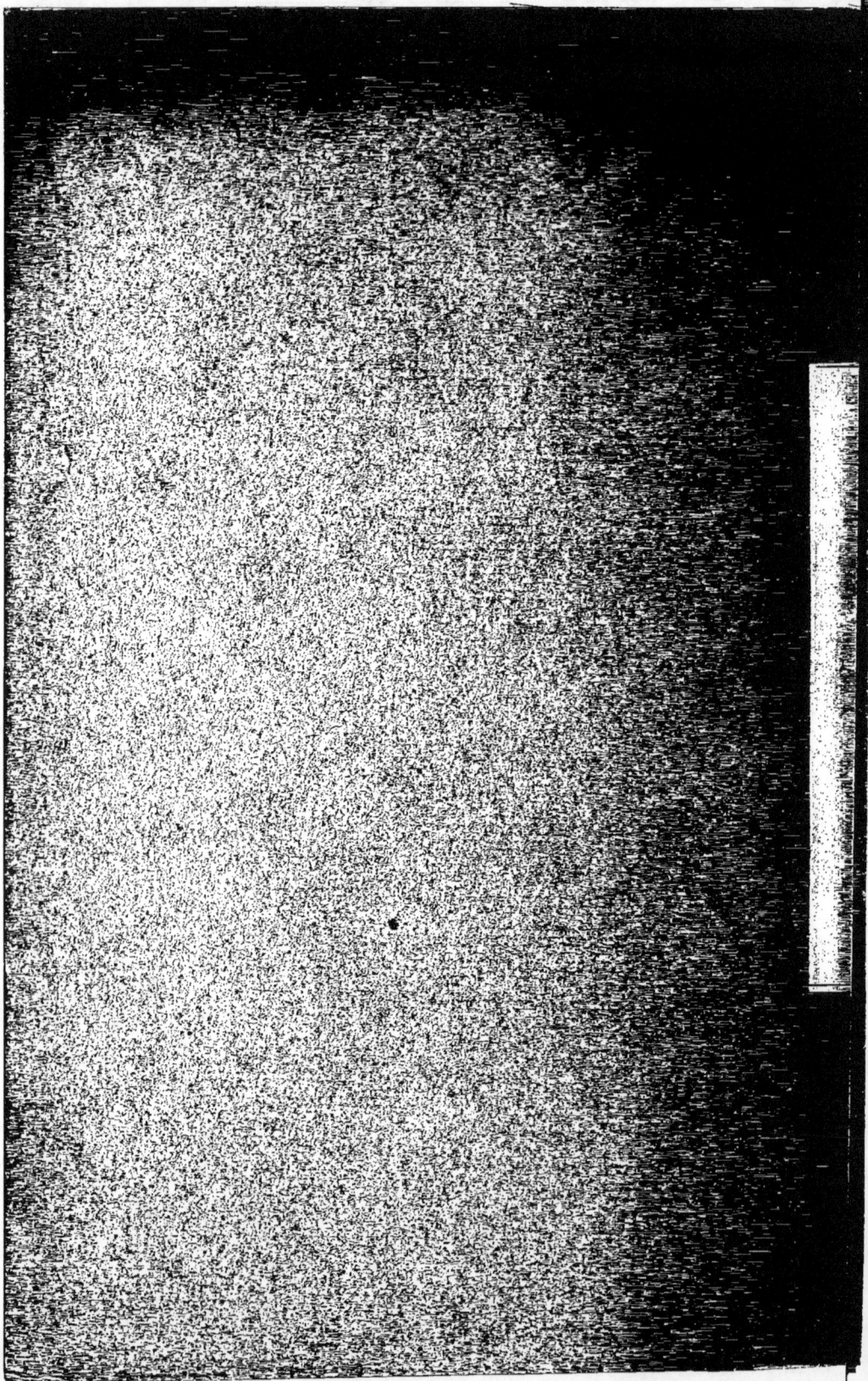